Haikus

Haikus

Moritz Wulf Lange

Sonderausgabe zur Hochzeit von Sara Thorley

Impressum

© *Moritz Wulf Lange*

*Bibliographische Information der Deutschen Nationalbibliothek:
Die Deutsche Nationalbibliothek verzeichnet diese Publikation in
der Deutschen Nationalbibliografie; detaillierte bibliografische
Daten sind im Internet über dnb.dnd.de abrufbar*

Erster, verbesserter Nachdruck.

Herstellung und Verlag: BoD – Books on Demand, Norderstedt

ISBN 978-3-7562-3775-3

Inhalt

Anfang des Jahres.
Im neuen Jogginganzug
Bier holen gehen.

Dieses Haiku entstand bei einem Treffen der Haikugruppe der Deutsch-Japanischen Gesellschaft in Bayern. Nach Neujahr werden zwar oft gute Vorsätze gefasst, jedoch oft durch das eigene Verhalten konterkariert.

Kigo: Anfang des Jahres (Neujahr).

Veröffentlicht in: haiku heute 02/2022.

Vogelgezwitscher.
Im Sofakissen noch der
Abdruck der Katze.

Dies Haiku ist zum Thema „Vogellied" entstanden. Hier wird das Zwitschern einmal aus einem anderen Blickwinkel betrachtet. Gleichzeitig deutet das Haiku das Ende der Winterträgheit an, in die viele von uns in der kalten Jahreszeit verfallen.

Kigo: Vogelgezwitscher (Frühling).

Veröffentlicht in: haiku heute 05/20021, Haiku heute Jahrbuch 2021.

Der einzige Baum
in der Straße - voll Blüten.
Ein Hund hebt das Bein.

In einer Nebenstraße Hamburgs fiel mir im Frühjahr 2020 ein blühender Baum auf. Gleichzeitig führte eine Frau ihren Hund spazieren. In diesem Haiku sind beide Bilder zusammengeflossen und drücken zwei sehr unterschiedliche Sichtweisen auf denselben Gegenstand aus. Dies ist mein erstes Haiku, das ins Japanische übersetzt wurde.

Kigo: Blüten (Frühling).

Veröffentlicht in: Sommergras Nr. 131 (12/2020), Haiku heute Jahrbuch 2020.

Das rostige Beil.
Im Garten blühen wieder
die weißen Rosen.

Das Haiku entstand spontan im Rahmen eines Mailwechsels mit dem Schweizer Haikudichter Peter Rudolf, als er mich nach einem Haiku zur Widerstandsgruppe „Weiße Rose" fragte.

Kigo: blühen (Frühjahr).

Veröffentlicht in: Haiku heute 07/2019; Haiku heute Jahrbuch 2019; 100 Kurzgedichte zu Sophie Scholl, hg. v. Peter Rudolf.

Hinter der Schule
ein Kind mit seinem Ranzen
im Frühlingsregen.

Dieses Haiku geht auf eine tatsächliche Begebenheit zurück. Ich habe mich oft gefragt, warum das Kind nicht weiterging und sich auch nicht unterstellte. Vielleicht war es zu sehr in seine Gedanken vertieft. Aber was mögen das für Gedanken gewesen sein? Eine japanische Haiku-Lehrerin kommentierte das Haiku so, dass das Kind – da es sich um Frühlingsregen handle – allein nach Hause gehen werde.

Kigo: Frühlingsregen.

Veröffentlicht in: Enkô (Japan) 07/2022.

Letzte Schulstunde.
Das Kind folgt aufmerksam der
krabbelnden Fliege.

Dies Haiku entstand beim Nachdenken über die heutigen Schultage, die im Gegensatz zu früher außerordentlich lang geworden zu sein scheinen. Was soll ein Kind in der letzten Stunde eines warmen Tages auch sonst machen, als jede sich bietende Ablenkung wahrzunehmen?

Kigo: Fliege (Sommer).

Veröffentlicht in: Sommergras Nr. 137 (06/2022).

Hartmannsweiler Kopf.
Laufgräben widerstehen
den Sommergräsern.

Dies Haiku ist eine kleine Hommage an das berühmte Haiku „Sommergras" von Bashô, das ich sehr bewundere. Der Hartmannsweiler Kopf ist ein Berg im Elsass, dessen Kuppe im Ersten Weltkrieg zwischen Deutschen und Franzosen jahrelang sinnlos umkämpft war und damals zu einem kilometerlangen Verteidigungssystem ausgebaut wurde. Noch heute kann man durch die betonierten, an manchen Stellen halb verfallenen Befestigungsanlagen gehen. Die Atmosphäre ist so eindrücklich, dass man manchmal meint, hinter der nächsten Biegung ein paar Soldaten am Feuer sitzend sehen zu müssen.

Kigo: Sommergras (Sommer).

Veröffentlicht in: haiku heute 11/2020, Jahrbuch Haiku heute 2020.

Das Kiefernwäldchen.
Hier und da Grundmauern
von Lagerbaracken.

Kiefern sind für mich die typischen Bäume der Lüneburger Heide, wo meine Großeltern lebten, und für einige Stellen in der Nähe von Sandbostel bei Bremervörde. An beiden Orten gab es im Krieg KZs bzw. Gefangenenlager. In der Erinnerungskultur wurde über die Jahrzehnte ganz unterschiedlich mit diesen Themen umgegangen. Dies Haiku zeigt das Bedürfnis derjenigen, die am liebsten alles vergessen wollten.

Kigo: Kiefernwäldchen (Sommer).

Veröffentlicht in: haiku heute 04/2021, Haiku-Kalender 2022.

Hinten im Schuhschrank –
Ameisen krabbeln über
Vaters Sandalen.

Die Sandalen werden nicht mehr gebraucht, daher ist der Schuh-schrank lang nicht mehr geöffnet worden; auch um das Haus kann sich keiner mehr so recht kümmern. Ein Kindheitserlebnis wird hier zum Sinnbild der Unfähigkeit, bis ins hohe Alter allein zurecht zu kommen.

Kigo: Ameisen (Sommer).

Veröffentlicht in: Kaihô, Mai/Juni 2022.

Im Freundeskreis stockt
plötzlich das abendliche
Gespräch – der Herbstmond.

Dieses Haiku entstand während eines Treffens der Deutsch-Japanischen Gesellschaft in Bayern. Die Teilnehmer des Freundeskreises unterbrechen ihr Gespräch, als sie die Schönheit des Mondes bemerken.

Kigo: Herbstmond (Herbst).

Veröffentlicht in: Enkô (Japan), 12/2021.

Auf den Heuwagen
dürfen beim Erntefest nur
die Einheimischen.

Dieses Haiku beruht auf den realen Bräuchen eines Heidedorfs in den 1950er Jahren. Damals durften Zugezogene, insbesondere aus den Reihen der Flüchtlinge, nicht auf dem Wagen mitfahren. Eine vollkommen unnötige Hässlichkeit denen gegenüber, die auf der Seite der Besiegten so viel mehr verloren hatten als viele andere. Dasselbe Heidedorf habe ich 2010 in meinem Hörspiel „Totholz" (für den WDR) verarbeitet.

Kigo: Heuwagen (Herbst).

Veröffentlicht in: Sommergras Nr. 131 (12/2020).

Grauer Nachmittag.
Plötzlich kommt die Sonne durch -
das Glas voll Schlieren!

Dies Haiku zeigt mit viel Humor eine Szene an einem sowieso schon düsteren Tag. Der einzige Lichtblick, die durchbrechende Sonne, wird sofort wieder getrübt durch die Erkenntnis, dass das Fenster dringend geputzt werden müsste.

Kigo: grauer Nachmittag (Herbst).

Veröffentlicht in: haiku heute 11/2020.

Große Kürbisse
am Straßenrand – alle noch
völlig gesichtslos.

Im Herbst stehen an den Landstraßen in unserer Gegend oft oran-
gefarbene Kürbisse, die in großen Haufen aufgestapelt sind, zum
Verkauf. Viele von ihnen werden sicher zu einem festen Bestandteil
der Halloween-Feier werden. Aber noch ist nicht zu erahnen, wel-
che Fratzen sie dann jeweils tragen werden.

Kigo: Kürbis (Herbst).

Veröffentlicht in: Enkô (Japan), 12/2021.

Die kahlen Bäume.
Sie kann jetzt wieder sehen,
was der Nachbar tut.

Dies Haiku entstand im Winter auf dem Dorf, wo man sich traditionell, mehr als in der Stadt, für das Tun und Lassen der Nachbarn interessiert. Auslöser war der Anblick eines großen kahlen Baumes vor einem Haus auf der anderen Flussseite.

Kigo: kahler Baum (Winter).

Veröffentlicht in: Lotosblüte (Österreich) 2020.

Nach dem Schneeschippen
allein im leeren Haus – das
Weihnachtsmarzipan.

Nach der mühsamen, ungeliebten Arbeit des Schneeräumens kommt das Marzipan gerade recht, um sich über die Einsamkeit in den eigenen vier Wänden hinwegzutrösten.

Kigo: Weihnachtsmarzipan (Winter).

Veröffentlicht in: Lotosblüte (Österreich) 2021.

Die Weihnachtsbäume
aneinandergekuschelt
auf den Müll wartend.

Anfang 2021 war in einer Seitenstraße unweit meiner Wohnung eine Gruppe Weihnachtsbäume zu sehen, die aneinandergelehnt dort standen. Es wirkte fast, als ob sie sich gegenseitig trösten wollten, nachdem sie nun ausgedient hatten.

Kigo: Weihnachtsbaum (Winter).

Veröffentlicht in: haiku heute 02/2021, Haiku heute Jahrbuch 2021.

Frisch verheiratet.
Diesen Winter kam von ihr
keine Weihnachtspost.

*Die Jahresbriefe meiner alten Freundin Sara Thorley haben mich
zu diesem Haiku inspiriert – wobei alles rein in der Phantasie
stattgefunden hat.*

Kigo: Weihnachtspost (Winter).

Veröffentlicht in: Lotosblüte (Österreich) 2021.

Nachwort

Es war ein langer Weg bis zu diesen Haikus. Mit Lyrik bin ich ernsthaft zum ersten Mal an der Universität in Berührung gekommen und habe denn auch bald eigene Versuche gemacht. Meine ersten veröffentlichten Gedichte, damals noch als Student, waren Haikus.

Sie bildeten den Auftakt zu einer lebenslangen Beschäftigung mit dem Schreiben in den verschiedensten Genres, zunächst einmal der Lyrik. Anregungen und Ermutigungen während der ersten Jahre verdanke ich, außer unserem Dichterkreis *groupe malle*, vor allem Herbert Laschet, Annegret Gollin, Hans-Ulrich Treichel und Tanja Dückers.

An der Universität leitete ich einige Zeit eine Schreibwerkstatt und, während zweier Semester, einen Projektkurs zur Erforschung von dichterischem Handwerkszeug. Auch Lesungen und Lyrik-Performances fielen in diese Zeit. Hin und wieder wurde ein Gedicht in einer Zeitschrift abgedruckt. Später kam zur Arbeit an einer Dissertation (zum Wortschatz Paul Celans) eine Stelle als Dozent für Kreatives Schreiben an der VHS Berlin-Spandau hinzu.

Eines Tages sprach mich ein Bekannter an, ich würde doch schreiben, ob ich ihm nicht eine Hörspiel-Bearbeitung machen könne. Daraus entwickelte sich ganz unerwartet ein Vollzeit-Job. Zahlreiche weitere Bearbeitungen, eigene Hörspiel-Serien, schließlich mehrere Romane folgten. Dabei blieb nicht nur meine Doktorarbeit, sondern leider auch die Lyrik auf der Strecke.

Heute, mit Familie, zumal mit einem Kind, hat das berufliche Schreiben nicht mehr denselben Stellenwert wie früher. Nun hat sich ganz von selber wieder mehr Platz für Gedichte gefunden - insbesondere für das Haiku. Eine kleine Auswahl ist auf diesen Seiten versammelt.

Ergänzt werden sie durch drei Aufsätze, die etwas zum Hintergrund des Haikus erzählen. Der erste, *Über das Haiku*, erschien unter anderem Titel in der Zeitschrift der

Deutsch-Japanischen Gesellschaft in Bayern, *Kaihô*. Darin werden wesentliche Punkte aus einer Seminarreihe des japanischen Professors und Haiku-Experten Makoto Aoki zusammengefasst. Hier gilt mein Dank, außer Prof. Aoki für seine liebevollen Bemühungen, uns das Haiku nahezubringen, auch Yuko Murato von der Deutsch-Japanischen Gesellschaft in Bayern für die Organisation und Moderation dieser ausgezeichneten Seminarreihe.

Der zweite Aufsatz ist Teil der Einleitung zu einem Buch, das ich über die Geschichte des deutschsprachigen Haiku geschrieben habe; er gibt einen kurzen Überblick zum Haiku in Japan. An dieser Stelle gilt mein Dank dem Japanologen Finn Harder, Verfasser einer hervorragenden Monographie zu dem berühmten Haikudichter Takahama Kyoshi; Herr Harder hat diesen Abschnitt freundlicherweise gegengelesen und mich mit kritischen Anmerkungen unterstützt.

Den dritten Aufsatz habe ich speziell für die erweiterte Fassung dieses kleinen Buches geschrieben, um einen kleinen Überblick zur Geschichte des deutschsprachigen Haikus zu geben. Abschließen möchte ich an dieser Stelle mit einem kleinen Hinweis für den Fall, dass jemand einmal selber probieren möchte, Haikus zu schreiben: Der beste (wenn auch nicht immer der leichteste) Weg, etwas zu lernen, ist immer noch, einfach damit anzufangen.

Hamburg, im Sommer 2022

Moritz Wulf Lange

www.moritz-wulf-lange.de

Über das Haiku

Das Haiku gilt als die kürzeste Gedichtform der Weltliteratur. In Japan hat es eine jahrhundertealte Tradition, in Deutschland wurden die ersten – original auf Deutsch gedichteten – Haikus in den 1920er Jahren veröffentlicht. Mit dem Erscheinen von Imma Bodmershofs Buch „Haiku" (1962, nur die spätere Taschenbuchausgabe bei dtv erschien unter dem Namen „*von* Bodmershof") bekam die deutschsprachige Haiku-Dichtung ein festes Fundament. Heute werden deutschsprachige Haikus sowohl in der klassischen als auch in freier Form geschrieben.

Das Haiku hat, trotz seiner Kürze, einzigartige Ausdrucksmöglichkeiten. Der folgende Bericht über eine Seminarreihe mit Prof. Makoto Aoki von der Universität Ehime/Japan mag davon einen kleinen Eindruck vermitteln.

Was weiß man in Deutschland vom Haiku? Ein paar erste Dinge, gewiss: man weiß, dass im Haiku auf kleinstem Raum sehr viel ausgedrückt wird. Man kennt die klassische Form von fünf, sieben und fünf Silben in drei Versen – in der deutschsprachigen Lyrik die meistgebrauchte Form des Haiku und in jüngster Zeit von Dichtern wie Durs Grünbein und Jan Wagner (beide Büchnerpreisträger) gepflegt. Man hat vielleicht davon gehört, dass in der bundesdeutschen Haiku-Szene nach einem Richtungsstreit das Haiku in freier Form sehr populär geworden ist. Man weiß, dass ein klassisches Haiku einen Naturbezug hat, der durch ein Jahreszeitenwort ausgedrückt wird. Ferner ist den meisten bekannt, dass ein Haiku konkret sein und einen Nachklang haben sollte.

Warum das alles so ist – das weiß man in der Regel nicht. Seit dem Frühjahr 2021 hatten die *haijin* der Haikugruppe in der DJG jedoch die Möglichkeit, ein wenig tiefer in die Welt des Haiku einzusteigen. Die Leiterin der Gruppe, Yuko

Murato, organisierte eine hochkarätige Seminarreihe mit Prof. Makoto Aoki von der Universität Ehime. Während bisher acht Seminaren, die alle als Videokonferenz stattfanden, gab uns Prof. Aoki einen Einblick in die Hintergründe des Haiku.

Nehmen wir zum Beispiel das Jahreszeitenwort, das Kigo. Es zeigt die Jahreszeit an, das ist bekannt – aber warum tut es das? Prof. Aoki brachte uns zunächst sehr anschaulich an Hand von Bildern und Filmsequenzen nahe, wie viel mehr als in Deutschland das Leben in Japan auch im Alltag immer noch von den Jahreszeiten geprägt ist. Kurz gesagt, kann man den Unterschied zwischen der Naturwahrnehmung in Deutschland und in Japan vielleicht folgendermaßen ausdrücken. In Deutschland neigen die Menschen dazu, sich von der Natur abzugrenzen: hier sind wir und da ist die Natur, die es, je nach Standpunkt, auszubeuten oder zu schützen gilt. In Japan neigen die Menschen dazu, die Natur zu sehen und als selbstverständlichen Teil ihres Alltags – bzw. sich selber als selbstverständlichen Teil der Natur – zu betrachten. Das hat für das Haiku eine nicht uninteressante Konsequenz. Denn damit ist das japanische Haiku, seinem Wesen nach, thematisch immer auch ein Alltagsgedicht – nur dass die poetische Idee an Hand eines Motivs aus der Natur dargestellt wird. Ein Naturgedicht im deutschen Sinn ist das Haiku jedenfalls nicht, so viel wurde uns schnell klar.

Die Tatsache, dass Natur ein selbstverständlicher Teil eines jeden Menschenlebens ist und eine gemeinsame menschliche Erfahrung bildet, macht es möglich, sie im Haiku in einer besonderen Funktion einzusetzen. An Hand von Beispielen aus der japanischen Haiku-Dichtung zeigte Prof. Aoki, wie persönliche Eindrücke an jahreszeitliche Phänomene gekoppelt werden können. Auf diese Weise wird der Leserschaft, über die Menge der gemeinsamen Naturerfahrung, ein Zugang zur Sichtweise des Dichters bzw. der Dichterin ermöglicht.

30

Zu dieser Erkenntnis über die Rolle der Natur im Alltag und im Haiku kam noch ein weiterer Aspekt des Kigo, von dem in deutschen Texten so nicht die Rede ist: die Vergänglichkeit bzw. Veränderung (*utsuroi* und *mu-jô*). Zunächst verglich Prof. Aoki Naturdarstellungen in der japanischen und deutschen Kultur. Dabei war zu sehen, dass in Japan die Vergänglichkeit gerade im Zusammenhang mit der Natur eine große Rolle spielt. Eindrücklich illustriert wurde dies anhand des Umgangs mit Kirschblüten: während z.B. in Doris Dörries Film *Kirschblüten – Hanami* die kraftvollen Blüten am Baum gezeigt werden, sind in der japanischen Kunst auch die fallenden Kirschblüten ein geschätztes Motiv. Die Vergänglichkeit ist dabei nicht negativ konnotiert, sondern wird als natürlicher Prozess akzeptiert. Prof. Aoki sprach in diesem Zusammenhang auch von „Rin-ne", dem beständigen Wandern. Zwar ist alles vergänglich, aber dem Tod folgt eine neue Geburt; das Gras im Winter stirbt ab, aber im Frühjahr wächst wieder frisches Gras; alles im Leben wandelt sich selbstverständlich, so wie die Jahreszeiten. Diese Erkenntnis macht es leichter, einen Verlust zu akzeptieren und heiter zu bleiben. Beispielhaft konnten wir dies in dem Film „Fünf Zentimeter pro Sekunde" (von Shinkai Makoto, Japan 2007) sehen, der die verlorene Möglichkeit einer persönlichen Beziehung zwischen den Hauptfiguren thematisiert. An Hand einiger Haiku zeigte Prof. Aoki, wie Wandel und Vergänglichkeit in japanischen Haiku eine Rolle spielen. Es ist offensichtlich, dass diese Aspekte gerade mit einem Motiv aus der Natur sehr gut ausgedrückt werden können.

Ist es nun möglich, dies alles auch auf deutschsprachige Haiku zu übertragen? Im Prinzip ja. Naturerscheinungen gehören auch in Deutschland sowohl zum Leben auf dem Land als auch zum Leben in der Stadt. Wind, Wolken, Pflanzen, Regen, Sonne und ihre verschiedenen Erscheinungsformen sind auch bei uns ein selbstverständlicher Teil des städtischen Alltags – nur werden sie vielleicht oft nicht bewusst wahrgenommen und Natur mit einem verengten

Blick eher als das gesehen, was man am Wochenende zur Erholung außerhalb der Stadt aufsucht.

Ein letzter Wesenszug des Kigo, den wir kennenlernten, ist allerdings nur dem japanischen Haiku (bzw. Kigo) eigen und nicht auf deutsche Verhältnisse übertragbar: der literarische Bezug. Damit ist nicht *honka-dori* – die direkte literarische Anspielung – gemeint. Wir lernten, dass jedes Jahreszeitenwort auf diejenigen Haiku verweist, die dieses Wort schon einmal verwendet haben und die in einem Nachschlagewerk (*saijiki*) kodifiziert sind. Damit umfasst ein Kigo eine außerordentlich große Menge von Bezügen, die es in ein Haiku hineinholt und zu einem Bestandteil des Haiku macht. Prof. Aoki erklärte, dass der Großteil des Gehalts eines Haiku tatsächlich von diesen im Kigo impliziten Bezügen bestimmt werde; der Rest sei dann auf die individuelle Arbeit des jeweiligen Dichters zurückzuführen. Hier liegt nun einer der großen Unterschiede zwischen dem japanischen und dem deutschsprachigen Haiku. Denn die deutschsprachige Haiku-Tradition erhielt erst 1962 mit dem Buch „Haiku" von Imma Bodmershof (nur die spätere Taschenbuchauflage bei dtv erschien unter dem Namen *von* Bodmershof) ein festes Fundament. Seitdem hat sich noch kein anerkannter Kanon deutschsprachiger Haiku herausbilden können.

Neben dem Kigo stellte Prof. Aoki im Verlauf der Seminare noch einen weiteren Aspekt des japanischen Haiku besonders heraus, nämlich das *yo-haku* (der unausgefüllte, leere Raum; die Leerstelle). *Yo* bedeutet wörtlich *übrigbleiben*, *haku* bedeutet *das Weiß*, sinngemäß: *leerer Raum* bzw. *leere Räume.*

Es ist diese Leerstelle, die den in deutschen Texten oft zitierten Nachklang des Haiku ermöglicht. Und wie das Kigo hat auch das *yo-haku* einen kulturellen Hintergrund. Prof. Aoki erklärte uns, dass in Japan oft nicht direkt gesagt wird, was man eigentlich meint; in der Kommunikation spiele das Umschreiben und Andeuten eine große Rolle. Ein anderer

Aspekt der japanischen Kultur ist etwas, das man vielleicht annähernd als *understatement* umschreiben könnte. Sehr anschaulich wurde das bei einem Vergleich von Fotos westlicher und japanischer Räume. Während erstere im Vergleich durchweg prunkvoll, aber überladen wirkten, strahlten die japanischen Räume mit ihrer weitgehenden Leere eine zurückhaltende, unaufdringliche Eleganz aus.

Den Ansatz, etwas nur anzudeuten bzw. zu umschreiben, demonstrierte Prof. Aoki auch anhand von Filmen. In *Tokyo monogatari* (*Die Reise nach Tokyo*, von Ozu Yasujirô, Japan 1953) sind es die Hauptfiguren, ein älteres Ehepaar, die ihre entscheidenden Gedanken und Gefühle nicht offen aussprechen. Aber auch in modernen Filmen kann man die Kunst der Andeutung sehen, beispielsweise im Showdown des Films *Sonatine* (von Kitano Takeshi, Japan 1993), der im japanischen Mafiamilieu spielt. Gegen Ende des Films deuten Mündungsfeuer hinter Fensterscheiben und ein weglaufender Mann an, dass die Hauptfigur ihre große Abrechnung begonnen hat. Vergleicht man diese Sequenz mit zwei bekannten westlichen Mafia-Filmen (*„Der Pate", USA 1972* und *„Casino", USA 1995*), fällt auf, dass dort die Abrechnungen unter Gangstern, die ebenfalls am Ende des jeweiligen Films stattfinden, in beiden Fällen wesentlich expliziter gezeigt werden.

Prof. Aoki zog nun eine Parallele zum Haiku. Auch dort werde das Wichtigste – in anderen Worten: das, worum es eigentlich geht – gar nicht gesagt. Dies ist ein grundsätzlich anderer Ansatz als z.B. in der deutschsprachigen Lyrik. Das Wichtigste beim Haiku sei, das Wichtigste wegzulassen. In anderen Worten: Man vermeidet die direkte Gefühlsäußerung und deutet sein Gefühl, die eigentliche Motivation zum Haiku-Dichten, durch die Schilderung eines konkreten Dings und durch die Wahl des Kigo an. Beim Schreiben zeigt man im Haiku einen konkreten Moment, den der Leser dann als Tür benutzen muss. Und zwar als Tür zu dem, was im Haiku eigentlich gemeint ist. Dazu ein Beispiel:

Von Schimmel überzogen ist die kleine Reisetasche meiner Mutter.

(Iida Ryûta, 1920- 2007)

Man kann sich unschwer vorstellen, dass die Mutter schon nicht mehr auf dieser Welt ist. Aber schon das Wort „klein" sagt uns noch mehr. Der Autor empfindet die Tasche als klein, d.h. er selber ist im Verhältnis gewachsen. „Klein" ist hier als Hinweis darauf zu lesen, dass der Autor die Tasche als Kind schon gekannt hat; mittlerweile ist die Tasche für ihn ein Gegenstand aus einer früheren Zeit. Außerdem steckt noch eine weitere Bedeutung in „klein", und zwar bezüglich der Mutter. Sie konnte sich keine großen Reisen leisten, deshalb brauchte sie immer nur wenig Gepäck und entsprechend nur eine kleine Tasche. Diese zweite Bedeutung kommt zu der ersten hinzu und ergänzt sie. Insgesamt haben wir in diesem Haiku also zwei Anknüpfungspunkte, und zwar „Schimmel" und „klein". Damit können wir die Tür zu der Bild- und Gefühlswelt dieses Haiku öffnen.

Dietrich Krusche, Herausgeber einer in Deutschland sehr bekannten Haiku-Anthologie, hat das Haiku mit einem Sprungbrett verglichen; der eigentliche Sprung müsse vom Leser selber vollzogen werden. Prof. Aoki verwendete stattdessen ein Bild aus dem Fußball. Das Haiku sei wie ein Pass, der dem Leser vom Dichter zugespielt werde. Der Leser muss nun schießen (lies: verstehen bzw. erkennen) – manchmal trifft er sein Ziel, manchmal schießt er daneben. Für deutsche Verhältnisse ist dies alles sicher eine ungewohnte Art, sich einem Gedicht zu nähern, und sicher eine, die erst einmal gelernt und geübt sein will. Vom Standpunkt des Schreibenden bedeutet dies zunächst das Weglassen von Behauptungen und, vor allem, eine Konzentration auf das Konkrete, Dingliche und darauf, die gewählte Konstellation der Dinge sprechen zu lassen.

Dies ist nur ein kleiner Einblick in das reichhaltige Wissen, das Prof. Aoki im Verlauf der Seminare vermittelt hat. Aber vielleicht muss für einen kleinen Artikel über acht intensive Seminare das gleiche gelten, was die Haikudichterin und Enkelin von Takahama Kyoshi, Teiko Inahata, in ihrem lesenswerten Buch „Erste Haiku-Schritte" über das Haiku schreibt: »wenn alles ausgesprochen würde, dann gäbe es weder einen Nachklang noch sonst etwas.«

Dieser Artikel wurde für die Zeitschrift „Kaihô" – die Zeitschrift der Deutsch-Japanischen Gesellschaft in Bayern – geschrieben und erschien dort in Nr. 5, Sept./Okt. 2022.

Das Haiku in Japan

Das Haiku ist eine original japanische Gedichtform. Es hat sich ab dem 16. Jahrhundert, außer aus der Waka-Dichtung, im Wesentlichen aus dem Renga, einer Form des Kettengedichts, entwickelt. Dies Kettengedicht existierte damals in zwei Formen, und zwar einer ernsten und einer scherzhaften Form. Letztere nannte man *Haikai no Renga*, d.h. das Renga nach dem Geschmack des Haikai; damit war ein witziges, humoristisches und komisches Renga gemeint. Der Begriff *Haikai* bedeutet ursprünglich erst einmal soviel wie *Scherz, Spaß, Witz*.

Diese, weniger formelhafte, Renga-Variante setzte sich allmählich durch. Mit der Zeit wurde die erste Strophe des Renga nun nicht nur als Eröffnung des Kettengedichts geschrieben, sondern auch als eigene Gedichtform: so entstand das, was wir heute als Haiku kennen, was zunächst aber jahrhundertelang *Hokku* hieß. Aus der Anfangszeit dieser Gedichtform wurde z.B. das Haiku *rakka eda ni* von dem Haikai-Renga-Meister Arakida Moritake (1473-1579) überliefert. Es ist, unter dem Titel „Augentäuschung", im deutschen Sprachraum schon im Kaiserreich durch eine damals recht verbreitete, von Karl Florenz herausgegebenen Anthologie japanischer Dichtung bekannt geworden.

Mit der Zeit etablierte sich *Hokku* als Begriff für das allein stehende Kurzgedicht, wiewohl *Hokku* gleichzeitig auch in der Bedeutung *erstes Gedicht einer langen Kette* gebraucht wurde. Gegen Ende der ersten Phase des Hokku betrat Matsuo Bashô (1644-1694) die Haiku-Welt; er wird bis heute allgemein als bedeutendster aller Haiku-Dichter angesehen. Seine große Zeit beginnt etwa ab 1680. Bashô hat das in Deutschland bis heute wohl berühmteste Haiku überhaupt geschrieben (*Der alte Teich/furuike ya*), aber auch ein Haiku wie sein *Sommergras (natsukusa ya)* gehört zum Haiku-Kanon. Nach seinem Tod hinterließ Bashô eine

36

Schülergruppe, die unter dem Begriff *Shômon* bekannt geworden ist. In Deutschland hat Prof. Ekkehard May ausgezeichnete Sammlungen einiger ihrer Dichter vorgelegt. Allerdings waren Bashôs Schüler zu verschieden, als dass eine gemeinsame Schule hätte fortbestehen können. Dennoch halfen sie, das Haiku bekannt zu machen. Auch Dichter, die nicht zu Bashôs Schülerkreis zählten, trugen dazu bei. Aus der Nach-Bashô-Ära ist hier z.B. die Dichterin Kaga no Chiyojo (1703-1775) zu nennen, die ihrerseits ein in Deutschland bis heute sehr bekanntes Haiku geschrieben hat (*asagao ni / Die Trichterwinde*). Trotzdem ließ sich nicht verhindern, dass sich allmählich auch eine gewisse Stagnation in der Haiku-Welt bemerkbar machte.

Das änderte sich erst ungefähr 50 Jahre nach Bashôs Tod. Eine Bewegung, die *Neue Blüte* genannt wurde, gab dem Haiku neue Impulse. Ihr herausragendster Vertreter war der zweite der vier großen Haiku-Dichter: Yosa Buson (1716-1783). Seit 1757 arbeitete er als künstlerischer Maler in Kyoto, gut zehn Jahre später etablierte er seine eigene Haiku-Schule. Nach Klopfenstein/Ono-Feller arbeitete er u.a. an einer literarischen Verfeinerung des Haikus. Außerdem hat er wichtige Impulse für den letzten der vier großen Haikudichter geliefert.

Gegen Ende des 18. Jahrhunderts, hundert Jahre nach Bashôs Tod, wurde das Haiku (das weiterhin hauptsächlich *Hokku* hieß) immer bekannter – und beliebter. Gleichzeitig drohte es zu verflachen. Aber diese Zeit brachte auch den dritten der vier größten Haikudichter hervor: Kobayashi Issa (1763-1827). Issa kam aus unglücklichen Familienverhältnissen und blieb die meiste Zeit seines Lebens arm. Seine Haikus zeigen oft Mitgefühl für die Kleinen und Schwachen.

Einen Einschnitt nicht nur in die Kunst des Haikus, sondern generell in die traditionelle Lebensweise bedeutete nach jahrhundertelanger Selbstisolation die Öffnung Japans zum Westen, die 1854 durch eine amerikanische Flotte erzwungen wurde. Zu den Folgen gehörte nicht nur die

Rückgabe der Macht vom Shogun an den japanischen Kaiser, sondern ab 1868 auch bald in vielen Bereichen ein Streben nach allem Westlichen. Leider fielen gleichzeitig traditionelle Gewohnheiten eine Zeit lang der Geringschätzung anheim – so auch das Haiku.

Erst gegen Ende des 19. Jahrhunderts änderte sich dies ein wenig. Für das Haiku galt dabei, dass es für eine neue Wertschätzung zunächst aus überkommenen Konventionen befreit werden musste. Diese Leistung verdankt das Haiku im Wesentlichen dem Dichter Masaoka Shiki (1867-1902). Seine Bedeutung liegt nicht so sehr in seinen Haikus, sondern vor allem in seiner Tätigkeit als Haiku-Reformer. Er führte das *Shasei* in das Haiku ein, bis heute ein zentraler Aspekt der Haiku-Dichtung. Damit ist ein realistischer Blick auf einen Ausschnitt der Wirklichkeit (wie z.B. eine Blume, einen Handschuh usw.) gemeint, der im Haiku künstlerisch ausgebaut wird. Anregungen zu diesem Ansatz erhielt Shiki u.a. aus der westlichen Malerei. Shiki war es auch, der - um die Neuerungen ebenfalls durch die Bezeichnung der Gedichtform zu unterstreichen - den Begriff *Haiku* zwar nicht erfand, aber populär machte. Nicht zuletzt gründete er die bis heute wahrscheinlich einflussreichste Haiku-Zeitschrift, *Hototogisu* (Kuckuck).

Noch zu Shikis Lebzeiten teilte sich, in der ersten Hälfte des 20. Jahrhunderts, die Haiku-Welt in zwei deutlich voneinander abgegrenzte Lager. Jedes wurde von einem der beiden wichtigsten Schüler Shikis angeführt. Das Haiku in der sogenannten traditionellen Form wurde unter anderem von dem Dichter Takahama Kyoshi bevorzugt. Die Bedeutung von Takahama Kyoshi für das Haiku lässt sich vielleicht daran ablesen, dass so gut wie alle einflussreichen Haiku-Dichter, die zwischen 1880 und 1920 geboren worden sind, von ihm gelernt haben – gerade auch solche, die in ihrer Arbeit später ganz eigene Wege gegangen sind. Das Haiku in freier Form wurde von dem Dichter Kawahigashi Hekigoto (und anderen) propagiert. Auf ihn geht die Bewegung des *shinkeikô haiku* (neue Tendenz) zurück. Konkret

38

bedeutete dies z.B., dass im Jahr 1911 die beiden radikalsten Anhänger Kawahigashis die feste Form und das Jahreszeitenthema für überflüssig erklärten und es ablehnten. Auch aus der *Hototogisu*-Gruppe wandten sich einige Dichter der neuen Richtung zu und arbeiteten unter dem Namen *shinkô haiku* (neues Haiku). Beide Gruppen von Neuerern näherten sich vor dem Krieg einander an. Dagegen vertrat Takahama Kyoshi, der sich zwischenzeitlich zugunsten der Prosa ein paar Jahre vom Haiku zurückgezogen hatte, weiterhin konsequent die traditionelle, aus heutiger Sicht klassische Auffassung vom Haiku.

Während des Krieges wurde, wie so vieles andere, auch das Haiku politisch, und die Vertreter des Neuen Haiku gerieten in den Fokus der Geheimpolizei. Takahama Kyoshis Rolle in dieser Zeit wird unterschiedlich betrachtet; im Westen sind ähnliche Problematiken von Dichtern wie z.B. Gottfried Benn und Ezra Pound bekannt. Die große Monographie des Japanologen Finn Harder über Takahama Kyoshi zeigt, dass Takahama Kyoshi bis 1945 offenbar ein Aushängeschild im Literaturbetrieb gewesen ist, der den offiziellen Stellen zeitweise als politisch unzuverlässig galt. Wenn man bedenkt, dass eine Konzentration auf Naturbilder üblicherweise eher wenig mit Begeisterung für den Krieg zu tun hat, verwundert das nicht.

Nach dem Krieg blühte zunächst das Neue Haiku auf, das unter dem Stichwort *Gendai haiku* bis heute bekannt ist. Später kam das Avantgardistische Haiku hinzu. Ab den 1970er Jahren war der Hunger nach Neuem allmählich gestillt, und man besann sich wieder auf das klassische Haiku. In die 1980er Jahre fällt dann die Gründung der *Vereinigung für das traditionelle japanische Haiku*. Heute ist in Japan der traditionelle Ansatz am verbreitetsten, daneben werden aber nach wie vor in großer Zahl Haikus in freier Form gedichtet.

An dieser Stelle noch ein Wort zum Ausdruck *Schule*. Wenn von verschiedenen Haiku-Schulen die Rede ist, muss man sich unter dem Begriff *Schule* nicht etwa eine Schule, die einem bestimmten Lehrplan folgt, vorstellen, wie man das z.B. vom Ikebana (der japanischen Blumenkunst) kennt. Im Ikebana sind die einzelnen Schulen klar organisiert, mit jeweiligen Schulleitern, Lehrplänen und Lehrbüchern; die großen Schulen haben oft auch ein Stammhaus. Im Haiku dagegen meint *Schule* mehr eine bestimmte Richtung, ohne dass es Schulleiter oder gar Lehrpläne gäbe.

Bemerkenswert bleibt, dass seit dem 20. Jahrhundert bei allen Veränderungen nie der eine Ansatz, Haikus zu dichten, von einem anderen abgelöst wurde. Vielmehr entwickelten sich die verschiedenen Haiku-Schulen, die nach unterschiedlichen Regeln dichten, nebeneinander. Das ist bis heute so.

Diese Einführung erschien erstmals in dem Buch „Von Blei zu Bodmershof. Das deutschsprachige Haiku und seine Anfänge (1849-1962)" vom selben Autor.

Das Haiku in der deutschsprachigen Dichtung

Das Haiku ist in Deutschland zuerst im Kaiserreich durch Anthologien von Übersetzungen aus dem Japanischen bekannt geworden. Danach dauerte er allerdings, bis auch originale deutschsprachige Haikus geschrieben wurden. Die ersten Versuche in dieser Richtung werden hier und da Autoren wie Paul Ernst, Arno Holz, Alfred Mombert und Max Dauthendey zugesprochen. Allerdings sind ihre Texte, wie sie z.B. in der *Anthologie der deutschen Haiku* (1979) veröffentlicht wurden, nachweislich allesamt Teile von längeren Gedichten oder Gedichtzyklen.

Rainer Maria Rilke entdeckte früh das Haiku für sich, schrieb allerdings nur drei Stück – zwei auf Französisch und eines auf Deutsch, die alle erst lang nach seinem Tod veröffentlicht wurden (sein deutschsprachiges Haiku z.B. erst 1954 im Briefwechsel mit Baladine Klossowska). Die ersten *veröffentlichten* deutschsprachigen Haikus stammen von Franz Blei. Sie wurden in der Zeitschrift *Roland* abgedruckt, blieben aber eine Eintagsfliege im Werk von Blei. Die Form orientierte sich an japanischen Vorbildern (keine Überschrift, drei metrische Sequenzen durch drei Zeilen wiedergegeben); stilistisch ähneln sie in ihrer Mehrzahl expressionistischen Gedichten. Ein paar Jahre später publizierte der deutsch-französische Dichter Yvan Goll zwei Haiku-Zyklen. Nach heutigem Kenntnisstand handelt es sich dabei um die ersten ernstzunehmenden auf Deutsch gedichteten und auch veröffentlichten Haikus.

Parallel zu diesen Anfängen in der Welt der Literatur wurden Haikus seit den 1920er Jahren hier und da auch in der Jugendbewegung (Wandervogel, Pfadfinder, Bündische Jugend) geschrieben. Wie es dazu kam, lässt sich bisher nicht abschließend klären. Sicher ist allerdings, dass einzelne, einflussreiche Führungspersönlichkeiten – wie der unter seinem Fahrtennamen *Tusk* bekannte Eberhard Koebel –, denen die japanische Kultur und gerade das Haiku bekannt waren, ihre Kenntnisse in die ihnen anvertrauten Jugendgruppen hineinbrachten.

Eine regelrechte schriftstellerische Tradition bildete sich erst nach dem Zweiten Weltkrieg. Zunächst beschäftigten sich vereinzelte literarische Gruppen u.a. auch mit dem Haiku, so ein Kreis um Joachim Uhlmann in Berlin sowie ein Kreis um René Altmann, H. C. Artmann, Andreas Okopenko und Hans Weissenborn in Wien. Andere schrieben seit den 1950er Jahren schwerpunktmäßig Haikus – außer Karl Kleinschmidt (Österreich), Flandrina von Salis (Schweiz) und Hajo Jappe (Deutschland) vor allem die Österreicherin Imma Bodmershof – die amtlicherseits nie *von* Bodmershof geheißen hat, wie sie oft in der Literatur genannt wird. Das *von*, welches nach dem Ersten Weltkrieg in Österreich abgeschafft worden war, wurde später lediglich von einem Teil ihrer Buchverlage aufgegriffen. Bodmershofs 1962 veröffentlichter Band mit dem schlichten Titel *Haiku* gilt bis heute als Fundament der deutschsprachigen Haiku-Dichtung.

Während sich das Haiku in den 1970er Jahren in der etablierten Lyrik eher zögerlich verbreitete – Ernst Jandl (1973) war einer der wenigen bekannten Dichter, die Haikus publizierten; allerdings näherte er sich der neuen Form gleich auf sprachzerlegende Weise –, entstand parallel dazu eine Szene, in der das Haiku schwerpunktmäßig gepflegt wurde. Einige dieser Autorinnen und Autoren veröffentlichten ihre Haikus nicht nur in Zeitschriften, sondern bereits in eigenen Sammlungen. Zwei Beispiele sind Friedrich Rohde (*Wenn der Wind es will. Haiku und andere Gedichte*, 1975) und Sigrid Genzken-Dragendorff (*Der dunkle Bogen. Haiku-Dichtung*, 1977).

1979 erschien dann in Japan die *Anthologie der deutschen Haiku* mit deutschen Originaltexten sowie Übersetzungen und Anmerkungen auf Japanisch, herausgegeben von Herbert Fussy, Hachiro Sakanishi und anderen. Darin wurde zum ersten Mal ein Überblick zur originalen deutschsprachigen Haiku-Dichtung geboten. Im selben Jahr trafen sich die Mitglieder der Haiku-Szene in Bottrop, wo im Rahmen des „Literarischen Frühschoppens" von Artur K. Führer eine Haiku-Biennale organisiert worden war, um über formale und inhaltliche Aspekte des deutschsprachigen

Haikus zu diskutieren. Schon damals zeigten sich verschiedene Tendenzen in der deutschsprachigen Haiku-Dichtung: Neben klassischen Haikus fanden sich auch solche in freier und experimenteller Form. Wie die Bottroper Volkszeitung berichtete, sorgten sie allesamt beim örtlichen Publikum für einiges Befremden.

Im Laufe der Zeit trugen verschiedene Autorinnen und Autoren jedoch dazu bei, das Haiku in der deutschsprachigen Dichtung zu festigen – Gerold Effert, Michael Groißmeier, Harald K. Hülsmann, Ilse Hensel, Hajo Jappe, Emmerich Lang, Friedrich Rohde, Sabine Sommerkamp und Hans Stilett sind nur einige, die hier zu nennen wären. Eine Plattform bot vielen von ihnen in der ersten Hälfte der 1980er Jahre die Zeitschrift *apropos*, in der Sabine Sommerkamp eine eigene Haiku-Rubrik betreute. Daneben druckte auch die Zeitschrift *Das Senfkorn* Haikus ab.

Auch die theoretische bzw. literaturwissenschaftliche Beschäftigung mit dem Haiku nahm in den 1980er Jahren zu. Einen ersten Überblick zur Geschichte des deutschsprachigen Haikus gab Herbert Fussy 1980 in einem Aufsatz, der 1983 an anderer Stelle noch einmal publiziert wurde. 1984 veröffentlichte Sabine Sommerkamp ihre vielbeachtete Dissertation zum Einfluss des Haikus auf Imagismus und jüngere Moderne. 1987 erschien mit dem Buch *Das deutsche Kurzgedicht in der Tradition japanischer Gedichtformen* von Margret Buerschaper erstmals ein Überblick zu japanischen Gedichtformen in der deutschsprachigen Dichtung.

Ebenfalls ab den 1980er Jahren beschäftigten sich zunehmend auch bekannte Autorinnen und Autoren mit der neuen Gedichtform. Erich Fried schrieb 1982 (unter der Überschrift „Zwei Haikus vom Krieg") zwei Strophen, die sich der äußeren Form des Haikus bedienen. Im selben Jahr veröffentlichte Beat Brechbühl den Band *Ein verhängtes Aug. Haiku*, es folgten 1984 und 1988 zwei weitere Bände, jeweils mit Haiku und Senryu. 1983 veröffentlichte Uli Becker den Haiku-Band *Frollein Butterfly*, 1984 brachte H. C. Artmann seinen Haiku-Band *nachtwindsucher* [sic] heraus. Und 1991 eröffnete die bedeutende Dichterin Sarah Kirsch ihre Lyriksammlung *Erlkönigs Tochter* mit einer Haiku-Sequenz. Während Artmann und Kirsch sich in ihrer Arbeit mit japanischen Vorbildern auseinandersetzen, verwenden Jandl, Fried und Becker lediglich die äußere Form von drei Zeilen zu fünf, sieben und fünf Silben (die gleichermaßen für das Senryu gilt), ignorieren aber weitestgehend Kernmerkmale des japanischen Haikus wie z.B. die Funktion des Jahreszeitenbezuges.

1988 ging die bundesdeutsche Haiku-Szene in ihrer Entwicklung einen großen Schritt vorwärts und organisierte sich in der Deutschen Haiku-Gesellschaft. Maßgeblich vorangetrieben hat dies Margret Buerschaper, die auch zur ersten Präsidentin gewählt wurde. Sie knüpfte Kontakte zu Persönlichkeiten wie dem Japanologie-Professor Horst Hammitzsch und dem japanischen Generalkonsul, Dr. Tadao Araki; schon in den ersten Jahren nach Gründung der DHG wurden mehrere Symposien mit hochkarätigen Referenten aus Deutschland und Japan veranstaltet. Die DHG unter Buerschaper versuchte, zu einer angemessenen Form und Konzeption des deutschsprachigen Haikus zu finden und orientierte sich dabei wesentlich am klassischen japanischen Haiku. So sehr dies für notwendiges Grundlagenwissen bezüglich der japanischen Haiku-Tradition sorgte – die Ablehnung neuerer Tendenzen (wie beispielsweise des Haikus in freier Form) muss doch zu einigen fachlichen, und nicht zuletzt auch persönlichen, Verwerfungen geführt haben. Nicht anders ist es zu erklären, dass noch im Jahr 2007, vier Jahre nach Buerschapers Rückzug vom Amt der Präsidentin, ein ansonsten profilierter Haiku-Kenner in einem Artikel die (sachlich unhaltbare) Meinung vertrat, die Jahre der DHG unter Margret Buerschaper seien eine Zeitverschwendung gewesen.

In der Vierteljahresschrift der DHG, später in *Sommergras* umbenannt, wurden Fachaufsätze und Haikus publiziert, Anthologien wurden herausgegeben und bundesweite Treffen organisiert. Insbesondere der Margret Buerschaper freundschaftlich verbundene Schriftsteller Prof. Carl Heinz Kurz hat sich in dieser Zeit um die Entwicklung und Verbreitung des Haiku verdient gemacht.

In der DDR hatte das Haiku dagegen so gut wie keine Rolle gespielt. Zwei der ganz wenigen, die sich damit beschäftigten, waren der Pfarrer, bildende Künstler und Autor Joachim Lehmann sowie der sehr engagierte Journalist Hilmar Bierl. Letzterer gründete 1992 die Haiku-Gesellschaft Berlin, die einige Jahre neben der DHG existierte, sich langfristig allerdings nicht etablieren konnte.

Das Jahr 2000 markiert in mehrfacher Hinsicht einen bedeutenden Einschnitt in der Geschichte des deutschsprachigen Haiku. Das Internet trägt seitdem zu einer steigenden Vernetzung der Haiku-Szene bei; gleichzeitig bietet es neue, digitale Publikationsmöglichkeiten. Die DHG öffnete sich unter ihrem neuen Vorsitzenden Martin Berner (ab 2003) nun auch freien Formen des Haiku. 2010 wurde die Österreichische Haiku-Gesellschaft gegründet. Und im etablierten Literaturbetrieb werden Haikus nun zunehmend von bekannten Lyrikerinnen und Lyrikern geschrieben. So debütierte der Dichter Jan Wagner 2001 mit seinem Lyrikband *Probebohrung im Himmel*, in dem – wie in so gut wie allen folgenden Büchern – auch Haikus enthalten sind. 2008 publizierte einer der bedeutendsten zeitgenössischen Dichter, Durs Grünbein, mit *Lob des Taifuns* eine Haiku-Sammlung. Zuletzt nahm 2013 die bekannte Lyrikerin Ulla Hahn in ihre Gesammelten Gedichte auch zahlreiche Haikus auf. Damit finden sich unter denjenigen bedeutenden Lyrikerinnen und Lyrikern, die sich im Laufe der Zeit mit dem Haiku beschäftigt haben, mit Ernst Jandl, Erich Fried, Durs Grünbein, Sarah Kirsch, H. C. Artmann und Jan Wagner erstaunlich viele Büchnerpreisträger.

Abschließend lohnt es sich, noch auf die 2012 bei dtv erschienene Anthologie *Haiku hier und heute* einzugehen. Das Bild, das diese Anthologie vermittelt, ist ein zwiespältiges und vielleicht charakteristisch für den momentanen Stand der deutschsprachigen Haiku-Dichtung. Einerseits gibt sie einen aktuellen Überblick unter Berücksichtigung sowohl der Haiku-Szene als auch des etablierten Lyrikbetriebs. Andererseits ist in den verschiedenen Beiträgen die Grenze zwischen Haiku und Kurzgedicht allzu oft verschwommen, wenn nicht gleich ganz aufgelöst. Wo in den 1990er Jahren in der Haiku-Szene vielleicht allzu streng

45

eine ganz bestimmte Definition dessen, was ein Haiku ist, vertreten wurde, scheint 20 Jahre später das Pendel in die andere Richtung auszuschlagen. Umso interessanter wird es sein zu beobachten, wie sich das deutschsprachige Haiku in der Zukunft entwickeln wird.

Diese Einführung wurde für den ersten Nachdruck des vorliegenden Buches geschrieben.

Literatur

1. japanische Haiku

Klopfenstein, Eduard / Ono-Feller, Masami: Haiku. Ge-
dichte aus fünf Jahrhunderten. Japanisch/Deutsch. Ausge-
wählt, übersetzt und kommentiert von Eduard Klopfenstein
und Masami Ono-Feller. Unter Mitwirkung von Kaneko
Tota und Kuroda Momoko. Stuttgart: Reclam, 2017.

Krusche, Dietrich: Haiku. Japanische Gedichte. Ausge-
wählt, übersetzt und mit einem Essay herausgegeben von
Dietrich Krusche. München: dtv, 1994.

Schneider, Elisabeth / Quenzer, Jörg B. (Hgg.): „Mit den
Sternen nächtlich im Gespräch …" Moderne japanische
Haiku. Übersetzt von Oskar Benl, Géza S. Dombrády und
Roland Schneider. Gossenberg: Ostasien-Verlag, 2011.

2. deutschsprachige Haiku (Einzelausgaben und Sammlungen)

Bodmershof, Imma: Haiku. Mit Zeichnungen von Ruth
Stoffregen. München: Langen/Müller, 1962.

Grünbein, Durs: Lob des Taifuns. Reisetagebücher in
Haiku. Mit Übertragungen ins Japanische und einem Nach-
wort von Yûji Nawata. Frankfurt/M., Leipzig: Insel, 2008.

Sakanishi, H. / Fussy, H. / Kubota, K. / Yamakage, H.: Anthologie der deutschen Haiku. Haiku und kurze biographische sowie Quellen-Angaben auf Deutsch, begleitender Text auf Japanisch. Sapporo: Dairyman, 1979.

Stolz, Rainer / Wenzel, Udo (Hg.): Haiku hier und heute. München: dtv, 2012.

Wagner, Jan: Selbstporträt mit Bienenschwarm. Ausgewählte Gedichte. Frankfurt/M.: Fischer Taschenbuch, 2019. (Zuerst erschienen Berlin, München: Hanser Berlin und Carl Hanser Verlag München, 2016).

3. Poetologische Schriften

Bodmershof, Wilhelm: Studie über das Haiku. In: Bodmershof, Imma: Haiku. Mit Zeichnungen von Ruth Stoffregen. München: Langen/Müller, 1962, S. 137-152.

Inahata Teiko: Erste Haiku-Schritte. Eine Fibel. München: Günther Klinge Haiku Verlag, 1990. [= unveränderter Nachdruck der 1. Aufl. 1986.]

Inahata Teiko / Wolfschütz, Stefan (Hg.): Welch eine Stille! Die Haiku-Lehre des Takahama Kyoshi. Auszugsweise aus dem Japanischen übersetzt von Takako von Zerssen. Mit einem Geleitwort von Ekkehard May. Norderstedt: BoD, o.J. [= nach 2000].

4. Literaturgeschichte und -wissenschaft

Buerschaper, Margret: Das deutsche Kurzgedicht in der Tradition japanischer Gedichtformen. Haiku, Senryu, Tanka, Renga. Göttingen: Graphikum, 1987. [= 1987(a)]

Harder, Finn: Die Bewahrung des Haiku als Kunstform im Zwanzigsten Jahrhundert durch Takahama Kyoshi (1874-1959). Berlin: Lit Verlag, 2020. [= Bunka Wenhua. Tübinger Ostasiatische Forschungen, hg. v. Klaus Antoni, Viktoria Eschbach-Szabo, Robert Horres, Achim Mittag, Monika Schrimpf, Gunter Schubert, Hans Ulrich Vogel. Band 29.]

Krusche, Dietrich: Essay – Erläuterungen zu einer fremden literarischen Gattung. In: Krusche, Dietrich: Haiku. Japanische Gedichte. Ausgewählt, übersetzt und mit einem Essay herausgegeben von Dietrich Krusche. München: dtv, 1994, S. 115-151.

Lange, Moritz Wulf: Die Anfänge des deutschsprachigen Haiku. Teil 1 – Von den ersten Übersetzungen bis zu Paul Ernsts „Polymeter". In: Sommergras, Vierteljahresschrift der Deutschen Haiku-Gesellschaft, Nr. 132, März 2021, S. 32-38.

Lange, Moritz Wulf: Die Anfänge des deutschsprachigen Haiku. Teil 2 – Arno Holz und Alfred Mombert. In: Sommergras, Vierteljahresschrift der Deutschen Haiku-Gesellschaft, Nr. 133, Juni 2021, S. 31-37.

Lange, Moritz Wulf: Die Anfänge des deutschsprachigen Haiku. Teil 3 – Die ersten deutschsprachigen Haiku (1). In: Sommergras, Vierteljahresschrift der Deutschen Haiku-Gesellschaft, Nr. 134, September 2021, S. 33-40.

Lange, Moritz Wulf: Die Anfänge des deutschsprachigen Haiku. Teil 4 – Die ersten deutschsprachigen Haiku (2) In: Sommergras. Vierteljahresschrift der Deutschen Haiku-Gesellschaft, Nr. 135 (12/2021), S. 25-32.

Lange, Moritz Wulf: Die Anfänge des deutschsprachigen Haiku. Teil 5 – Der Beginn der deutschsprachigen Haiku-Tradition nach Kriegsende. In: Sommergras. Vierteljahresschrift der Deutschen Haiku-Gesellschaft, Nr. 136 (03/2022), S. 30-37.

Lange, Moritz Wulf: Von Blei zu Bodmershof. Das deutschsprachige Haiku und seine Anfänge (18491962). Norderstedt: edition das haiku bei BoD, 2021.

Wittbrodt, Andreas: Hototogisu ist keine Nachtigall. Traditionelle japanische Gedichtformen in der deutschsprachigen Lyrik (1849-1999). Göttingen: V&R unipress, 2005.

Sommerkamp, Sabine: Der Einfluss des Haiku auf Imagismus und jüngere Moderne. Studien zur englischen und amerikanischen Lyrik. Dissertation. Hamburg: Universität, 1984.